FRANÇOIS RABELAIS

Traité de bon usage de vin

Traduit du tchèque par
MARIANNE CANAVAGGIO

IDEM • VELLE
AC • IDEM • NOLLE

ÉDITIONS ALLIA
16, RUE CHARLEMAGNE, PARIS IVe
2009

TITRE ORIGINAL
Traktatus o případném pití vína

Les illustrations de la présente édition sont tirées des *Songes drolatiques de Pantagruel*, François Desprez, Paris, 1564.

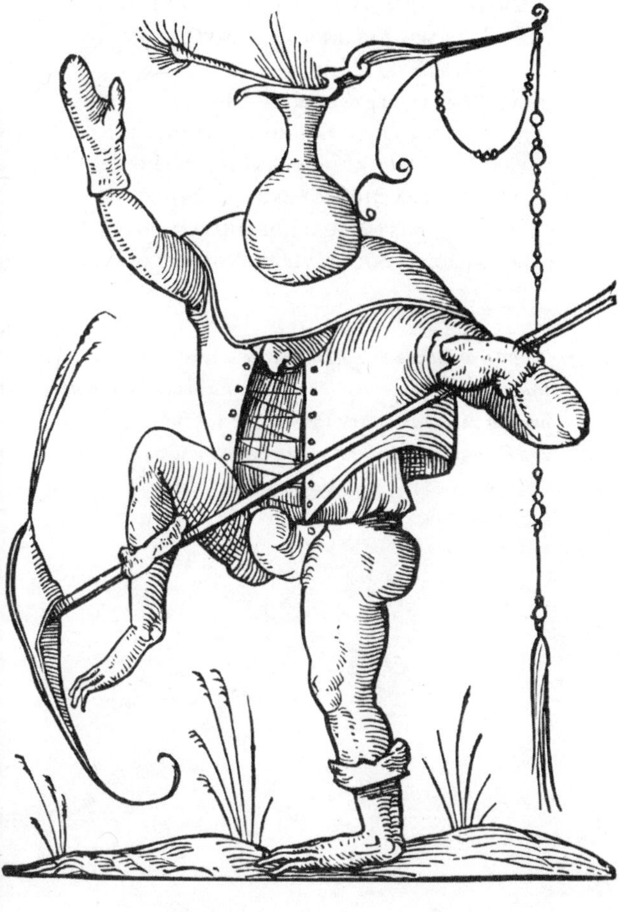

TRAKTATUS O PŘÍPADNÉM PITÍ VÍNA
TOTIŽ VELIKÉM & USTAVIČNÉM
PRO POTĚCHU DUCHA & TĚLA
& PROTI VŠELIKÝM CHOROBÁM
OUDŮ ZEVNITŘNÍCH I VNITŘNÍCH
SEPSANÉ KU POUČENÍ & UŽITKU
BRACHŮ MOKRÉHO CECHU
MISTREM ALCOFRIBASEM
VRCHNÍM STOLNÍKEM VELIKÉHO PANTAGRUELA.

Tento Traktatus jest z knih lékaře a převysokého učence Rabelaisa v Lyoně vzat, aby každý rozumný čta neb slyše nemálo se diviti musil. Protož aby takový vtip nejsa v zapomenutí a raději lidem ku prospěchu a Čechům ku cti byl, vydaný od Martina Karchesia písaře kancléře v Praze léta Páně MDCXXII.

TRAITÉ DE BON USAGE DE VIN
LEQUEL EST GRAND & PERPÉTUEL
POUR ÉBAUDIR ÂME & CORPS
& CONTRE DIVERSES MALADIES
DE MEMBRES EXTÉRIEURS & INTÉRIEURS
COMPOSÉ AU PROFIT D'ENLUMINEURS
DE MUSEAUX PAR MAÎTRE ALCOFRIBAS,
L'ARCHITRICLIN DU GRAND PANTAGRUEL.

Ce traité est tiré des livres du médecin et éminent savant Rabelais à Lyon pour que tout être de raison, lisant ou entendant, se réjouisse grandement. Afin que si bel esprit, loin de tomber dans l'oubli, profite aux hommes et soit l'honneur des Tchèques, cet ouvrage est publié par Martin Carchesius, clerc du chancelier de Prague, en l'An de grâce MDCXXII.

UN ALLER-RETOUR POUR MAÎTRE ALCOFRIBAS

LE *Traité de bon usage de vin*, dont l'original reste à découvrir [1], fut publié en tchèque dans la traduction de Martin Kraus de Krausenthal, nommé Carchesius en latin, en 1622, c'est-à-dire une dizaine d'années après la mort de ce dernier. Son édition tchèque moderne [2] à laquelle puise la nôtre a été établie à partir de l'un des trois exemplaires connus, conservé à la Bibliothèque du Musée National à Prague [3].

1. Cf. à ce propos notamment : A. Lefranc, "Les dates de publication du *Pantagruel* et des premiers ouvrages de Rabelais", *Revue des études rabelaisiennes*, Tome IX, Champion, Paris, 1911 ; J. Plattard, *Etat présent des études rabelaisiennes*, Belles Lettres, Paris, 1927 ; A. Boyer, "Les imitateurs de Rabelais avant le XVIIIe siècle", *Travaux d'Humanisme et de Renaissance*, 144 (*Etudes rabelaisiennes* XIII), Droz, Genève, 1976 ; L. Spiritu, "Le problème de l'authenticité du Cinquième Livre", *ibid.*

2. Ed. Volvox Globator, Prague, 1995, édition établie et annotée par P. Ouředník.

3. Sous la cote 29 G 23. La page de titre manque, la reliure date probablement de la fin du XVIIIe siècle. Le

L'édition de 1995 constitue la seconde réédition du texte. Une version légèrement écourtée a été publiée sous le titre de *Traité plaisant de bon usage de vin* dans *La Revue du Musée du Royaume de Bohême* en 1857 [1] par les soins de Václav Lebenský [2].

deuxième exemplaire se trouve à la Bibliothèque scientifique d'Etat à Olomouc, le troisième à la Bibliothèque universitaire d'Innsbruck en Autriche.

1. XXXI, 2. Le chapitre "Lamentation" est supprimé ainsi que les vers finaux du chapitre "Des autres éléments nuisibles" et les deuxième, troisième et quatrième paragraphes du chapitre "Des bienfaits du matin".

2. Dans son introduction Lebenský note : *"Voici une preuve supplémentaire de la bonhomie du peuple tchèque : en dépit de cette tornade historique il trouva en soi assez d'humour pour être diverti par la traduction de cet opuscule plaisant qui avait cheminé des lointains Français jusqu'à lui. Mais c'est également une preuve du besoin urgent d'un peuple opprimé de vivre pleinement la vie entière, matérielle et spirituelle et de rire de tout ce qui opprime la vie."* La "tornade historique" fait allusion à la bataille dite "de la Montagne blanche" de 1620 où la défaite des protestants tchèques face à l'armée de l'empereur d'Allemagne se solde par le rattachement du Royaume de Bohême aux Etats héréditaires des Habsbourg.

Nous savons peu de choses sur la vie de Martin Carchesius. La source d'informations principale est constituée par la correspondance qu'il a entretenue dans les années 1602-1610 avec Jan Campanus Vodňanský [1], professeur de grec et latin à l'université de Prague.

Carchesius était originaire de Jablonné nad Orlicí, il était né au début des années quarante du XVIe siècle. Dans les années 1564-1600 il servit au Bureau des écritures de la Vieille Ville à Prague. Peu après il s'installa à Olomouc. Quand il mourut en 1612 ou 1613, il était un homme opulent; son fils Tobiáš, également employé au Service des écritures de l'administration municipale de Prague, reçut en héritage *"trois maisons en bon état"*.

Pour autant qu'on sache, la seule réalisation d'ordre littéraire à laquelle s'adonna Carchesius fut la traduction. De son vivant fut publié *"traduit de la langue allemande en tchèque"* *Le livre décrivant l'état et l'ordre de la ville afin de les*

1. Il a été conservé cinq lettres de Carchesius à Vodňanský et deux de Vodňanský à Carchesius. Elles ont été éditées par František Brožík en 1883 dans la revue *Ruch* (*Mouvement*), VII, 2.

sauvegarder durablement en leur substance (1602, sans mention d'auteur), puis l'écrit d'un médecin originaire de Mayence, Ferdinand Hesse, juif de naissance et prosélyte enflammé du christianisme, *La nouvelle et très utile démonstration que Jésus Christ est Fils de Dieu et de la Vierge Marie, bénie entre toutes les femmes, le premier messie promis et envoyé* (1603) et la traduction particulièrement réussie d'un original en langue allemande paru en 1587, *L'Histoire de la vie du docteur Iohan Faustus, nécromant renommé, de ses notules diaboliques et sortilèges ainsi que de sa mort horrible, de ses écrits posthumes comme avertissement exemplaire pour les insolents et mécréants* (1611).

Devons-nous considérer le *Traité* publié de façon posthume comme une traduction, une adaptation ou une variation sur un thème rabelaisien ? Le titre tchèque parle clairement pour l'existence d'un original (*"…tiré des livres du médecin et éminent savant Rabelais à Lyon"*). Václav Lebenský ne doute pas de la paternité de Rabelais, mais il suppose que le texte est une traduction de l'allemand : Carchesius a traduit quelques autres titres de l'allemand et, *a contrario*, sa connaissance du français n'est pas avérée. Mais son ignorance du français ne l'est pas davantage – tout du moins savons-nous qu'outre l'allemand, Carchesius connaissait *"les langues latines et autres"*.

L'hypothèse d'une "variation sur un thème rabelaisien", esquissée en son temps par N. S. Troubetskoï [1] et reprise par A. L. Carbone [2] corrélativement à la prochaine publication italienne du texte [3], se révèle peu convaincante. En effet les livres de Rabelais n'étant pas connus dans la société érudite tchèque du début du XVIIe siècle, une référence mystificatrice à Rabelais serait tombée à plat. Bien au contraire, le *Traité* est la première trace tchèque de l'existence de l'auteur; les traductions partielles de *Gargantua* et *Pantagruel* ne seront en effet publiées qu'à l'extrême fin du XIXe siècle.

OLGA SPILAR

1. "Čeština a němčina v čase prvních překladů" ("Le tchèque et l'allemand au temps des premières traductions"), *Slovo a slovesnost*, I, Prague, 1935, cité par P. Ouředník dans "Faustovský Pantagruel" ("Un Pantagruel faustien"), *Souvislosti*, 62, Prague, 1997.

2. *French Studies Bulletin*, XXVIII (104), Oxford, 2008.

3. In *Rabelaisiana*, Duepunti Edizioni, Palermo, à paraître.

NOTE DE LA TRADUCTRICE

LA proposition était hors du commun : *traduire du tchèque en français* un inédit de Rabelais et, de surcroît, du tchèque du début du XVIIe siècle. Idée excitante, certes, mais dans *quel* français traduire – celui du siècle de Rabelais, celui de notre siècle, ou encore un français intermédiaire, sorte de translation ou de traduction rendant le texte accessible au lecteur contemporain sans en gommer tous les traits anciens ?

La première solution, qui aurait fait de ce travail un amusant jeu linguistique, présentait le risque de tirer la traduction vers un dangereux pastiche – n'est pas Rabelais qui veut.

La deuxième option risquait, quant à elle, de banaliser le texte, de le vider de la saveur particulière qu'on connaît au texte rabelaisien.

Voilà pourquoi le parti pris stylistique le plus adapté m'a paru se situer à mi-chemin : une langue compréhensible par tous, mais portant l'écho de la syntaxe et du vocabulaire rabelaisiens – ce que, nous semble-t-il, "l'original" tchèque avait lui-même conservé. C'est d'ailleurs le parti pris qu'a adopté Guy Demerson, l'auteur de l'édition bilingue de *Gargantua* et *Pantagruel* aux éditions du Seuil [1].

Les notes de bas de page reprennent en majeure partie l'appareil critique de l'édition tchèque.

MARIANNE CANAVAGGIO

1. *Gargantua*, F. Rabelais, Translation, préface et notes par Guy Demerson, Seuil, Paris, 1996. Idem pour *Pantagruel*.

TRAITÉ DE BON USAGE DE VIN
LEQUEL EST GRAND & PERPÉTUEL POUR ÉBAUDIR ÂME & CORPS & CONTRE DIVERSES MALADIES DE MEMBRES EXTÉRIEURS & INTÉRIEURS COMPOSÉ AU PROFIT D'ENLUMINEURS DE MUSEAUX PAR MAÎTRE ALCOFRIBAS, L'ARCHITRICLIN DU GRAND PANTAGRUEL [1]

1. *Alcofribas* – première partie de l'anagramme Alcofribas Nasier qui constitue le pseudonyme sous lequel Rabelais publia *Gargantua* et la première partie de *Pantagruel*. A l'origine Alcofribas était nommé "philosophe de la quinte essence". *Architriclin* renvoie à l'épisode biblique des Noces de Cana (Jean, II, 8, 9). Cf. la préface de l'auteur au *Tiers livre* et *La Pantagrueline Prognostication*.

AU LECTEUR DE BON VOULOIR, SALUT. PAIX EN JÉSUS LE CHRIST NOTRE SAUVEUR

MON estimé maître Pantagruel m'a prié de noter ici en fidélité et brièveté ce qui lui paraît digne d'être consigné pour le profit général de la corporation des buveurs pantagruélistes. Il se fût volontiers acquitté de cette plaisante tâche et eût gravé ces paroles en tables de pierre [1]; toutefois l'absorption de 184 646 bouteilles de vin d'Anjou ne rendit point sa langue moins habile que sa plume et son poinçon et il n'eut donc aucune raison de le faire par lui-même.

L'usage du vin, outre le verbe prolixe et la prière fervente, est de toutes les actions humaines ce qui le distingue des autres créatures terrestres, volant dans le ciel, courant ou rampant sur la terre, auxquelles Dieu n'insuffla pas âme humaine, quoique d'aucuns prétendent, comme le releva Henricus Nauta, avoir vu en terre d'Afrique un singe poilu ne dédaignant point la bouteille [2]. Et

1. A l'image de Dieu qui inscrivit du doigt le Décalogue sur des tables de pierre.

2. Henri le Naute conduisit au XVe siècle des expéditions

si en son infinie sagesse Dieu élut le fringant Noé pour fonder une nouvelle vie sur terre, ce fut à n'en point douter en raison de l'amour que le joyeux drille prodigua plus tard à la vigne sur le mont Ararat [1].

Le grand Pythagore lui-même vécut dans un tonneau, y buvant du vin de Falerne [2]; et en ce bain délectable Gargantua en personne barbota, et sa mère Gargamelle mêmement [3].

Et dans tous les cabarets, auberges, tavernes, gargotes, estaminets et cambuses de la terre de France, en terre de Thélème et en pays d'Utopie et de Dipsodie [4], en Poitou, Anjou, Picardie, Savoie, Languedoc, Limousin et à la

maritimes vers les côtes d'Afrique de l'Ouest. La référence citée par Rabelais est probablement fausse.

1. Cf. *Genèse*, IX, 20.

2. Vin cultivé dans la Rome antique, plus tard synonyme de vin d'excellence.

3. *Gargantua*, *Gargamelle* – les deux noms proviennent étymologiquement du même substantif qui signifie "gosier".

4. *En terre de Thélème* – terre fictive que Rabelais situe dans un contexte géographique réel: elle s'étend entre les rivières de l'Indre, du Cher et du Loir dans un célèbre terroir vinicole (cf. *Gargantua*, ch. LII). *Pays d'Utopie* – d'après le traité de Thomas More de 1516 (cf. *Pantagruel*, ch. II et

taverne de la Mule [1], bien des jouvenceaux distingués et des compères de la corporation des buveurs cognent leur pot contre le bois pour la plus grande gloire du Saint Esprit. Que nous chaut donc une oreille [2] ! Si nous devons nous en séparer, l'anse bien ourlée d'un cruchon la remplacera joliment.

Eh bien, frères, posez vos dés ! Mouchez vos nez ! Bouclez vos braguettes ! Levez le coude ! Et écoutez mes paroles.

Et hé ! Gardez-vous de jouer au flux, glic, tric et trac [3] quand je vous transmets ces sages prescriptions.

passim). *Dipsodie* – cf. *Pantagruel*, ch. XXIII et passim. Le mot est formé à partir du grec διψωδης, "assoiffé".

1. Authentique auberge parisienne.

2. Allusion à un décret royal sur les peines encourues pour ivresse sur la voie publique ; elles pouvaient aller de quelques jours de cachot à l'amputation d'une oreille.

3. Jeux de dés.

DU VIN ET DE SES NOMBREUX MÉRITES

HO ! Frérots ! Aux abreuvoirs ! Que le vin a maintes qualités et guérit les maux de l'âme, voilà qui est certain. L'homme abstème est ainsi disposé que, comme le dit Aristote (*Entéléchies*, III) [1], il succombe sempiternellement au désespoir et à la crainte, par canicule ou frimas, qu'il soit argenté ou ruiné. La canicule survient-elle qu'il brûle d'affliction, le frimas, qu'il grelotte de détressse ; est-il argenté qu'il craint les vide-goussets ; ruiné, qu'il craint les prévôts. Voilà pourquoi l'Ecclésiaste déclare : "Le vin égaye la vie" [2] et mon bon maître Pantagruel : "La vie est le vin de l'homme."

Et c'est aussi pourquoi il prescrit à ses disciples une bouteille de mousseux contre le découragement, l'atrabile, la contrition, la tristesse, la peine, la nostalgie, la mélancolie, l'ennui, le sorbonisme, le dessèchement du cerveau et les contrariétés.

1. La référence mentionnée est fictive.

2. *Ecclésiaste*, X, 19.

Et leur dit en vers bien troussés :

Eh bien, allons, mon frère insigne,
avale ce nectar ou bien t'esbigne.
Avant que jour s'enfuie, et l'an derrière lui,
en donneras nouvelles à notre confrérie.

Et au sommelier, il dit :

Holà, lascar, soigne l'âme de ton prochain ;
pour authentique témoignage, en voici un.
Flacon, dit compère du Cyclope jadis,
se déversera bien avant que sois occis.

Et encore au sommelier :

Lorsqu'en son feu luisant le bois tors ardera [1],
les frères pinteront, sans relâche ni arrêt.
Pour les buvards illustres, grandement assoiffés,
prépare, bonhomme, barriques, table et tabourets.

1. Le bois tors désigne par métaphore les ceps de la vigne.

DES BIENFAITS DU VIN CONTRE LES MALADIES INTÉRIEURES

OR l'usage assidu du vin est aussi très bénéfique contre les maladies et affections intérieures ; et un seul clystère bachique vaut mille cent purges, et un seul flacon toutes les décoctions et ventouses, ce qui se reconnaît aussi en ceci qu'il y a de par le monde bien davantage de vieux faiseurs de dame-jeanne que de vieux médecins[1] ; et souvent la langue leur cahote et sur son lit de mort un médicastre déclara : Hou, hou, hou ! ce qui signifie : Ma cupule s'est brisée ![2]

Buvez donc du vin à grand renfort contre :

la taie sur les yeux[3],
le quinquet au saindoux[4],
la morve et la gourme[5],
les brûlures d'estomac,

1. Cf. *Gargantua*, ch. XXXIX : *"Il y a de par le monde bien davantage de faiseurs de dame-jeanne vétérans que de médecins."*

2. Crâne.

3. Cataracte.

4. Cataracte.

5. Rhume et inflammation.

la gale à la tête,
la pestilence des dents,
la langue turque,
la langue grecque,
la teigne [1],
le forficule dans l'oreille,
la gourme au nez ou dans les culottes,
la souris allemande [2],
le pourrissement du foie et de la rate,
le patois de Savoie,
les calculs à la vessie,
la tumeur des attributs [3],
la pisse chaude [4],
la massue [5],
l'attaque et le dessèchement de tout membre,
la rogne,
la figue [6] au cul,
les brûlures d'eau bouillie,
la nombrilite,
et cætera,

1. Vérole.
2. Couperose.
3. Testicules.
4. Brûlures lors de la miction.
5. Inflammation des organes génitaux.
6. Furoncle.

mais par-dessus tout contre le dessèchement du cerveau dans le crâne et contre la jaunisse. Contre divers maux, préférez les vins souscrits : de Gascogne contre la gale, de Bourgogne contre la rogne, et cætera. Pour certains de ces maux, il convient parfois de mélanger le vin avec d'autres ingrédients parmi lesquels :

la cannelle,
l'armoise,
la sauge,
la noix de Valachie,
la merde de porc écorché,
la feuille de joubarde,
la fiente de pigeon,
l'edelweiss,
la brunelle.

Mon bon maître Pantagruel a raisonné plus avant sur ce sujet en un traité d'un million et demi de pages et intitulé :

Des maladies dans les régions de Dipsodie & d'Utopie
& de leur puissante & infaillible thérapie
par usage zélé de vin & à l'aide de Dieu;

et plus d'un médecin de par le vaste monde porte ce traité sur son sein.

LAMENTATIO

SITIO[1] !
Garaus[2] !
Bouche desséchée !
Gosier aride !
Langue en feu !
Ame qui piaille !
Tripes qui grincent !
Je crève ! Je crève ! Je crève !
Mouillons ! Mouillons[3] !
Trinque !

1. "J'ai soif", parole de Jésus en croix (*Jean*, XIX, 28).
2. "Cul sec !", en allemand.
3. "Buvons !"

DE LA NOCUITÉ DE L'EAU ET DES FEMMES

SACHEZ cependant qu'il ne faut pas mêler le vin avec des éléments autres que ceux susnommés et qu'il y a lieu de craindre le pire à agir autrement. Le premier de ces éléments terribles est l'eau, laquelle, comme il sera démontré, menace souvent la vie. Mais il est des paltoquets qui versent de l'eau sur le marc en disant : vin de marc. Tudieu ! Par cet acte horrifique ils provoquent la grattelle [1], la pépie [2], les scrofules et la courante. D'autres versent de l'eau dans des tonnelets et cruchons sans mot dire ; que ces oiseaux funestes servent de repas aux corbeaux ! Songez à Godefroy de Bouillon [3] qui ordonna à la veille d'une bataille qu'on envoie aux mahométans une coupe de vin ondoyé : ayant perdu toute vigueur, ces derniers furent massacrés sans résistance aucune.

1. Galle.

2. Induration de la muqueuse de la langue.

3. Membre de la première croisade, conquérant de Jérusalem.

Le deuxième de ces éléments est la gent féminine en mal de bonnet de nuit qui ne recule devant rien pour conduire les buveurs émérites devant l'autel. Force anecdotes épouvantables circulent sur des harpies de cette espèce qui mirent le grappin sur un homme et la grappe lui interdirent; c'est pourquoi les très zélés prévôts de la confrérie des buveurs ne songent jamais au mariage, car comme disent les plus avisés: le vin comble la femme quand l'homme en boit [1], et c'est tant vrai qu'il n'a besoin pour ce faire ni de bonnet de nuit, ni de cornes.

1. On attribuait des vertus aphrodisiaques au vin.

DES AUTRES ÉLÉMENTS NUISIBLES

HORMIS d'eau et de femmes, une vie de buveur exemplaire peut être également gâchée de besognes, de hâte, de labeur et de cavalcades à hue et à dia. Il y a certainement des métiers salutaires et capitaux, comme le déclare Tiraqueau [1], parmi lesquels :

la viniculture,

même si aucun autre ne me vient à l'esprit. Regardez les oiseaux du ciel [2] ; regardez la petite grive se réjouir et s'égosiller pendant la vendange [3]. Nombre d'écrits savants, actes, traités, rapports, essais et mémoires démontrent que le labeur est impropre à la vie ; et qui veut vieillir sagement jette un œil dans le gousset de mon bon maître ; il y trouvera ces ouvrages :

1. André Tiraqueau, juriste et écrivain, ami de Rabelais.

2. D'après *Matthieu*, VI, 26 : *"Regardez les oiseaux du ciel : ils ne sèment ni ne moissonnent, et ils n'amassent rien dans des greniers ; et votre Père céleste les nourrit."*

3. La grive picore les grains de raisin mûr.

De utilitate maximae ante laborem repugnantiae [1],

De optimo modo nunquam laborandi [2],

De Maligni operibus, aut qui labores necessarii dicantur, et quomodo supersedi possint [3],

De desidiae beneficiis [4],

De otii beneficiis [5],

De stultis [6],

De honestarum com paribus ebrietatum arte [7],

De quaestione subtilissima, utrum labor in nos invadere possit dum dormimus, et quomodo ab eo periculo Sancto Martino benigne adjuvante te defendas [8],

Quare Deus sibi similes nos creaverit [9].

1. *De l'utilité d'une extrême répugnance au travail.*

2. *Du meilleur moyen de ne jamais travailler.*

3. *Des œuvres diaboliques ou des travaux dits nécessaires et comment s'en acquitter.*

4. *Du bénéfice de l'oisiveté.*

5. *Du bénéfice de la paresse.*

6. *Des sots.*

7. *De l'art de boire honnêtement avec ses pairs.*

8. *De la subtilissime question de savoir si le travail peut nous surprendre durant le sommeil et de la manière de s'en défendre avec l'aide bienveillante de Saint Martin.*

9. *Pourquoi Dieu nous créa à son image.*

Or hé! les labeurs sont éminemment redoutables et qui le nie est un fou à grelots, un fou de première goutte, de prime cuvée, pire que Cailhette [1], un fou proprement fou, un fou néocaudal, multicaudal, syntaxique, synoptique, syncrétique, cérémonieux, universitaire, enregistré, principiel, trottinant, circulaire, niçois, constantinopolitain, ephésien, calcédonien, latranien, lyonnais, constantin, tridentain [2], méritoire, interdit [3], composite, littéral, synodal, humide, auroral, arctique, mimétique, involontaire, presque sobre.

Car qui ne fait rien sera assis à la droite du Seigneur; et qui trotte et se hâte et accumule des biens terrestres et des deniers, sera précipité dans un lac de feu; mêmement qui cèle en cave enterrés or et argent au lieu de tonnelets, dames-jeannes, flacons et bouteilles; et tout autant qui blasphème notre Seigneur en s'inquiétant du lendemain [4].

1. Nom du fou du roi Louis XII. Cf. *Tiers Livre*, ch. XXXVII et *La Pantagrueline Prognostication*, ch. V.

2. *Niçois, constantinopolitain...* – adjectifs dérivés des noms de villes où se déroulèrent différents conciles.

3. Frappé d'une interdiction ecclésiastique.

4. En quoi ils contredisent le précepte de Jésus: "Ne vous

Et pour cela

Faites, Jésus Christ notre Sauveur,
Que buvions ici-bas en bonne humeur
Et que trouvions quiétude aux cieux.

inquiétez donc pas du lendemain; car le lendemain aura soin de lui-même," *Matthieu*, VI, 34.

DES BONNES MŒURS DU MATIN

UNE âme folâtre est grande salubrité : le buveur de bonnes mœurs sait s'en souvenir. Un vin exquis, bu tripe creuse [1], renouvelle les forces à ceux qui pratiquent assidûment le temps du hibou ; c'est pourquoi Hippocrate évoque le vin de singe éveillant la gaieté [2], le vin de porc facilitant le vomissement [3], le vin de lion seyant aux natures querelleuses, le vin d'agneau conférant des mœurs modérées. Holà ! Frères au nez poché ! Gardez ceci en mémoire : il n'est jamais trop tôt pour boire. C'est pourquoi il convient, dès potron-minet, de se rincer le museau, de s'humecter les poumons, de se laver les tripes : ainsi vous serez fringants et ingambes ; je n'y suis pour rien.

Le vin vous donnera le jour durant des selles fermes et assurées, que le sage Epistémon [4]

1. A jeun.

2. *Corpus Hippocraticum* ; les informations mentionnées sont fausses.

3. Le vomissement était recommandé pour enrayer l'ivresse et les douleurs d'estomac.

4. Educateur de Pantagruel, cf. *Second Livre*, ch. V et *passim*.

nomme papales, car elles sont par nature infaillibles. Qui au contraire boit dès le matin de l'eau ou quelque liquide analogue sera ramolli et cul-pendant jusqu'aux ultimes heures vespérales ; et il se couchera en sueur et aura des cauchemars. Et au contraire qui boit du vin aura la conscience tranquille et l'esprit paisible jusqu'au crépuscule ; et ainsi jour après jour et derechef.

Et le vin vous donnera pisse saine et rose, veloutée comme bois de cerf. Alors que les buveurs d'eau l'auront trouble et soufrée.

Et le vin vous donnera une verge puissante et belle, que vous brandirez à volonté et observerez avec contentement. Alors que les buveurs d'eau l'auront pleine de bulles et de hoquets.

Et le vin vous mettra la gaieté aux lèvres et vous chanterez à plein poumon l'antique chanson :

Bois du vrai, frère, bois, bois.
Bois, frère, bois encore.
Bois du vrai, frère, bois, bois.
Bois encore, frère, bois.

Mais qui boit de l'eau dépérira sans joie.

Et je vous le dis, le vin renforcera fameusement le ventre et les bras musculeux, et vos jambes seront telles des mâts de vaisseau ; et au contraire les buveurs d'eau seront alanguis, inaptes à soulever un fléau.

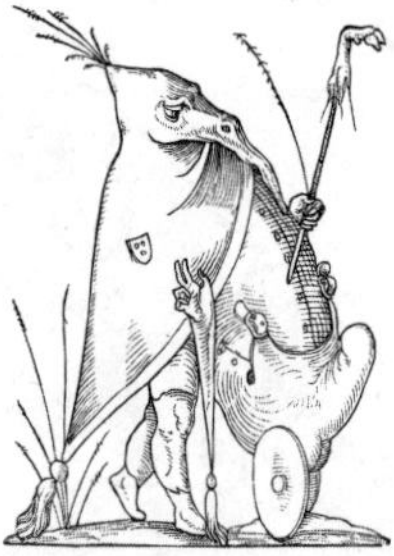

CONCLUSION : ILLA BONIS CONSILIETUR AMICE [1]

BUVEURS illustres ! nobles rustres ! estimables béquillards [2] ! sondeurs de cruchons ! leveurs de flacons ! tourneurs de tapons ! intendants de brouillard ! disciples de saint Martin [3] ! frères pompettes ! frères beurrés ! frères insatiables et roteurs avinés ! banqueteurs et entonneurs ! claquedents et claquelangues ! vastes gousiers ! ventres bombés ! péteurs et cagnards ! frères fols et très précieux ! En conclusion notez bien ceci : si vous voulez conserver à votre vie santé et vénusté, écoutez attentivement ces six règles :

Ne buvez jamais seuls. La compagnie de buveurs est une engeance hautement estimée et sa parole barytonante est d'un poids considérable dans les cercles de gendarmes. En

1. "Pour servir de conseil amical aux bonnes gens", paraphrase d'un vers d'Horace.

2. Gourmands.

3. Selon la tradition, Saint Martin, évêque de Tours, institua les vignobles de Touraine au IVe siècle ; sa fête, le 11 novembre, marque depuis le Moyen Age l'ouverture de la vente du vin nouveau.

outre : prenez deux ivrognes ; si l'un gorgé de brouillard rate son pas, l'autre le relèvera [1].

Allons : au point du jour, dans la lueur virginale de l'aube, le mieux est de trinquer avec Mathusalem ; à mi-journée avec Balthazar : au crépuscule choquez votre chopine avec Nabuchodonosor [2].

Ne buvez que du meilleur. Buvez du solide. Pline invite à distinguer les vins imbéciles des vins valides [3] : les vauriens préféreront les seconds. Gardez-vous des piquettes et des pisses d'âne [4]. Gardez-vous des vins croûteux.

Gardez-vous de la bière. Le poète Bachelin [5] appelle les buveurs de bière : gueules pissotantes ; et dit à juste titre qu'un tel breuvage est bon pour les Flamands et les Alamans,

1. Paraphrase du texte biblique "En cas de chute l'un relève l'autre ; mais tant pis pour l'isolé qui tombe, sans personne pour le relever.", *Ecclésiaste*, IV, 10.

2. Allusion aux différents formats des bouteilles : Mathusalem : 6 litres ; Balthazar : 12 litres ; Nabuchodonosor : 15 litres.

3. Citation de l'*Histoire naturelle*, Pline l'ancien.

4. Vin éventé.

5. Olivier Bachelin (Basselin), auteur de chansons à boire de la première moitié du XVe siècle.

car ils ont l'âme commune. Et boire de la bière est cause de maux : Jules, le saint-père, but de la bière et, la barbe lui poussant, provoqua grande indignation [1]. Pour cela, Erasme de Rotterdam aussi dit que de la bière soit infligée aux égarés et apostats, car c'est un châtiment assez rude, si lourde soit la faute [2].

Mais plus que tout, gardez-vous de l'eau : de tous les fluides, c'est le plus virulent. Nombre de poètes et lansquenets succombèrent malencontreusement par sa faute. L'eau nuit énormément par sa fétidité et pestilence ; Aristote, dans *L'Histoire des bêtes*, narre comment un grand nombre de sauterelles, s'étant abreuvées d'eau, se corrompirent et, par leur horrible pestilence, abattirent quatre-vingt mille gens en ville d'Azi. Et les membres de la congrégation du Saint Siège savent bien ce qu'ils font quand ils versent par un entonnoir de l'eau dans les tripes hérétiques : car qui boit de l'eau a toujours

1. Le pape Jules II portait la barbe, à la différence de ses prédécesseurs. Cf. *Pantagruel*, ch. XXX.

2. En réalité Erasme parle du vin coupé d'eau (*L'Eloge de la folie*, 1511).

quelque chose à cacher et dissimule en lui quelque obscénité [1].

Allons ! Prenons exemple sur l'enseignement de Jésus Christ à Cana, de l'aimable miracle de l'Agneau [2].

Gardez-vous aussi du sang. Le sang est pernicieux pour le corps humain, ce dont témoignent maints écrits et opuscules médicaux, et le compère Avicenne [3], lui aussi, recommande la pratique abondante de la saignée. Nous reconnaissons que le sang est un fluide gravement nuisible à ce qu'il gicle et coule dès que l'on pique quiconque d'un poignard : car le corps humain profite de la moindre occasion pour se défaire de ce poison ; et Manardi de Ferrare [4] nous apprend que nous devons écouter ce que le corps nous commande, car à travers lui parle le Saint-Esprit. Voilà pourquoi,

1. La métaphore est probablement inspirée d'une scène de *La Querelle de l'eau et du vin*, farce populaire du XIVe siècle.

2. Aux noces de Cana, Jésus changea l'eau en vin (*Jean*, II, 7-11).

3. Iben Sina, médecin et philosophe arabe (*Canons de la médecine*, 1030).

4. Médecin et botaniste italien, auteur des *Medicinales espistolae* (1521).

levant son calice, le Sauveur dit : “Ceci est mon sang” [1], ce qui prescrit que nous changions tout notre sang en vin, comme un coin chasse l’autre ; et nous serons salubres et adorerons Dieu avec ferveur : Agios kathanatos ho Theos [2].

Et holà ! sachez encore ceci : vous avez la vie entière pour vous rigoler, et toute la mort pour vous reposer.

1. *Matthieu*, XXVI, 24.

2. Dieu est saint et immortel.

ACHEVÉ D'IMPRIMER
DANS L'UNION EUROPÉENNE
POUR LE COMPTE DES ÉDITIONS ALLIA
EN MARS 2009

ISBN : 978-2-84485-301-1
DÉPÔT LÉGAL : MARS 2009